Hoppel und Poppel

Bilder von Fritz Baumgarten   Verse von Lena Hahn

Zwei Hasenbuben, klein und dumm,
die treiben sich im Feld herum.
Es passte ihnen nicht zu Haus,
drum rissen sie frühmorgens aus.
Der eine, der heißt Hoppel,
den andern ruft man Poppel.

Ein alter Igel und sein Kind,
die rasten, weil sie müde sind.
Auf beiden Seiten flüstert man
und starrt sich gegenseitig an,
wobei die Häslein lachen
und freche Witze machen.

Der Wichtelmann trug schwere Last
schon einen Kilometer fast.
Er hat die Körbe abgesetzt,
ein sanftes Schläfchen stärkt ihn jetzt.
Und dabei schnarcht er feste,
als sägt' er dicke Äste.

Die Hasen, die der Hunger plagt,
die haben sich herangewagt.
Sie denken: ,,Das ist gar nicht schlecht,
ein Kohlkopf wär uns eben recht!''
Doch weh den kleinen Dieben –
schon werden sie vertrieben!

Sie hoppeln weiter durch den Wald.
Da gibt es einen Aufenthalt,
denn silbern in der Sonne blitzt
ein See, an dem ein Angler sitzt.
Er hat schon viel gefangen,
doch scheint's noch nicht zu langen.

Das muss ein guter Angler sein:
Kaum taucht er seine Angel ein,
schon hängt ein fetter Karpfen dran.
Die Häslein sehn ihn staunend an.
Nur leider kann ihr Magen
ja keinen Fisch vertragen!

Der Dorffrisör, ein grober Mann,
schnauzt alle Leute mächtig an.
Zum Käfer sagt er: „Pack dich jetzt!
Du siehst, mein Laden ist besetzt!
Ich hab hier einen Kunden,
für den brauch ich drei Stunden!"

Die beiden, die am Gartenzaun
verblüfft auf all das Neue schaun,
erkennen bald: „Ein solcher Wicht
hilft armen Häslein sicher nicht.
Der würde nicht dran denken,
uns ein Stück Brot zu schenken!"

Ein Wichtel bläst mit lautem Ton
auf seinem großen Bombardon.
Das ist ein selt'nes Instrument,
wie man es heute kaum noch kennt.
Der Baum mit allen Blättern
erzittert von dem Schmettern!

Auf einmal klingt es nicht mehr schön,
man hört ein gurgelndes Getön.
Die Melodie schweigt plötzlich still,
obgleich der Künstler es nicht will.
Die beiden frechen Hasen
verdarben ihm das Blasen.

Die Hasenbrüder sind sogleich
davongerannt nach diesem Streich.
Den Wichtel mit dem Bombardon
verlachten sie noch voller Hohn.
„Hat der geguckt!", schreit Hoppel.
„War das nicht prima, Poppel?"

Die Strafe für ihr böses Tun
erreicht die beiden Sünder nun,
denn es erscheint – o großer Schreck! –
der Fuchs aus seinem Waldversteck.
Und alle Tiere beben,
sie rennen um ihr Leben.

Die Häslein sind ganz außer sich,
der Hunger quält sie fürchterlich.
Sie rissen ja im Elternhaus
schon lange vor dem Frühstück aus.
Nun knurrt der leere Magen,
sie können's kaum ertragen.

Da schau! In Hamsters Garten steht
voll Blätterkohl ein ganzes Beet!
Sie haben kaum davon genascht,
als sie der Hamster überrascht.
Der geizige Geselle
verjagt sie auf der Stelle.

Der Tag war lang, der Tag war schwül,
doch gegen Abend wird es kühl.
An jedem Tümpel, jedem Teich
ertönt der Frösche Chor sogleich.
Sie singen ihre Lieder
begeistert immer wieder.

Jedoch kommt einem Hasenohr
der Froschgesang recht seltsam vor.
Die Mücklein aber tanzen froh
und denken: „Quakt nur weiter so!
Zum Glück könnt ihr nicht fliegen,
drum könnt ihr uns nicht kriegen!"

Die Sonne sinkt, der Mond erwacht,
nicht lange mehr, dann ist es Nacht.
Die Fledermaus streicht durchs Geäst,
der Uhu kommt aus seinem Nest.
Die beiden kleinen Hasen,
die schlafen auf dem Rasen.

Sie hoppelten ja kreuz und quer
den lieben langen Tag umher.
Es gab unendlich viel zu sehn,
so manchen Schrecken auszustehn,
und dabei nichts zu essen –
das darf man nicht vergessen!